Ein Spaziergang am Rande der Stadt
und in der Stadt,
kann einem durchaus
wunderschöne, magische Momente bescheren,
wenn man mit offenen Augen durchs Leben
geht.

Diese Augenblicke und Gedanken dazu,
sind es wert
festgehalten zu werden.

Natur ist überall zu finden.

Sei offen dafür!

A. E. D.

Hin und wieder braucht man gar nicht weit zu gehen, um richtige Schönheiten zu entdecken.

Manchmal
erscheint das Leben
leer und trist,
aber…

…geh mit
offenen Augen durch die Welt
und
du entdeckst überall
ein Wunder!

*Dein Glück ist oft zum Greifen nah,
du brauchst nur offen dafür zu sein, dann
kommt es ganz von allein!*

All deine Taten und Gedanken
tragen die Samen
für deine Zukunft…

…denk daran, sie schlagen irgendwo
Wurzeln und beginnen zu wachsen.
Es liegt an dir sie zu pflegen,
dann wirst du irgendwann
die Früchte deiner Arbeit
ernten können.

Wachse über dich selbst hinaus,
du wirst überall Halt finden,
wo du ihn brauchst.

Hin und wieder ist es erholsam
eine Rast einzulegen und das derzeitige
Leben
zu überdenken…

…du wirst deinen Weg
dann wieder klar erkennen können
und du gewinnst daraus
Sicherheit und Kraft.

Auch wenn dein Weg manchmal steinig und
kurvig erscheint,
führt er dennoch ans Ziel.

Auch auf steinigem Boden
können
Früchte gedeihen.

Du musst es nur zulassen
und daran glauben.
Allein dieses Wissen trägt dazu bei,
eine reiche Ernte zu erhalten.

Sei stark wie ein Baum.
Verwurzle dich fest, aber wachse trotzdem
der Sonne entgegen.

Der Weg des Lebens
hinterlässt
Furchen und Kerben…

…die Kunst ist es,
die Schönheit
dahinter zu sehen
und am Leben zu wachsen.

Wenn du das Gefühl hast nichts verändern
zu können, vergiss nie:
„Selbst Steine… so hart und schwer…
können geformt werden durch Wind oder
Wasser."

Manchmal wirkt es,
als könne man
am Lebensweg nichts ändern…

…aber wenn er vielleicht in seinem Verlauf
hin und wieder tatsächlich unveränderbar
erscheint,
kannst du ihn aufbrechen
und nach deinen Wünschen formen.

Im Chaos liegt oft eine tief verborgene Schönheit, die erkannt und gesehen werden möchte.

Selbst ernannte Individualität ruft
unweigerlich Nachahmer hervor,
da es sicher jemanden gibt,
der es gut findet was du machst.
Es gehört nun einmal alles zum großen
Ganzen…

…also erblühe und stecke dein Umfeld an
mit Schönheit, Energie
und Wissen.

Die Kraft der Gemeinsamkeit verleiht einem ungeahnte Mächte.

Eine große Masse an Steinen
kann einen Hügel
bilden…

…trotzdem gleicht kein Stein dem anderen.
Jeder hat seine eigene Form
und seine eigene Geschichte
zu erzählen.

Auch wenn der erste Blick dir sagt: „Du bist anders!"…

…solltest du immer einen zweiten Blick wagen, denn meist kannst du dann erkennen wieviel Gemeinsamkeiten vorhanden sind.

Manchmal erscheint
aus dem Nichts ein Teil von dir,
den du bisher nicht von dir gekannt hast…

…er ist es immer wert näher betrachtet zu
werden,
damit du daran wachsen kannst.
Auch wenn er dir anfangs
fremd erscheinen mag,
gehört er dennoch zu dir.

Lass dich nicht einschüchtern durch andere
die größer zu sein scheinen als du selbst es
bist. Niemand kann auf dieselbe Art
erblühen und leuchten wie du.

*Du hast die Macht in dir
andere zum Blühen und Leuchten zu
bringen,
wie du es selbst auch kannst...*

*...gemeinsam
könnt ihr die Welt erleuchten
und somit das ganze Universum
auf euch aufmerksam machen.*

Es gibt Tage an denen du einen nicht enden wollenden Tunnel der Dunkelheit durchquerst, aber sei gewiss, dass du mit Sonnenschein im Anschluss belohnt wirst.

*Kleine Dinge erscheinen manchmal als
riesige, große Probleme,
bis man einen Schritt zurückgeht
und sie von außen betrachtet…*

*…aber pass auf,
es könnte geschehen,
dass sie dir mit einem Mal als nichtig
erscheinen und dich ein Lächeln kosten.*

Manche Wege solltest du geruhsam angehen.
Ganz nach dem Motto: „Der Weg ist das
Ziel!"
Ungeduld ist nur ein Hindernis, das du
lernen solltest zu überwinden.

Die schönsten Dinge im Leben fühlen sich manchmal an, als wären sie unerreichbar…

*… du kannst sie jederzeit zu dir holen.
Arbeite auf dein Ziel hin,
verliere es nie aus den Augen
und glaube fest daran, dann wird es auch zu
dir kommen.*

Täglich strömen tausende Gerüche auf uns
ein und wenn wir uns auf unsere Nase
verlassen, zeigt sie uns was gut für uns ist.
Nimm mit allen Sinnen bewusst die Welt um
dich wahr und du wirst unglaublich schöne
Geschichten erleben.

Weite deine Sinne aus,
lass sie durch Zeit und Raum
wandern...

... dann wirst du auch sehen,
was hinter einer Hecke
oder
Mauer versteckt liegt.

Mauern sind stark und versperren einem oft den Weg, doch keine Mauer ist stark genug um Zeit und Natur standzuhalten.
Falls du keinen Weg findest der an einem Hindernis vorbeiführt, gib dennoch die Hoffnung nicht auf, dass es sich eines Tages auflöst.

Scheue dich nicht
die Nacht zum Tag
zu machen…

… oft finden sich die schönsten Dinge dort
wo,
und zu einer Zeit in der,
man sie am wenigsten erwartet.

Lass dich inspirieren von der Natur.
Lass dir Kraft geben von der Natur.
Lass die Energie der Natur in dich strömen.

Vergiss aber nie dich bei ihr zu bedanken,
und auf sie zu achten.
Sie möchte in Harmonie mit dir leben!

A. E. D.

Bald erhältlich:

Für alle Fantasieliebhaber:
Vorbestellungen und Infos unter
www.scatoelfen.com
www.papierfresserchen.de

Bücherreihe
Magische Momente:

Erhältlich auf Amazon, oder auf
www.scatoelfen.com bestellen.

1. Magische Momente in der Stadt
2. Magische Momente mit Wasser
3. Magische Momente in der Nacht (in Vorbereitung)
4. **Weitere Bände folgen**

www.ingramcontent.com/pod-product-compliance
Lightning Source LLC
Chambersburg PA
CBHW050859290526
45792CB00002B/660